Bas Yuhin...

mukhtalif ehsaason se buna, aur khaksari se pesh kiya gaya, nazmon ka chota majmuu'a.

Gauri Row Kavi

BookLeaf Publishing

India | USA | UK

Presentation by *BookLeaf Publishing*

Web: www.bookleafpub.com

E-mail: info@bookleafpub.com

ISBN: 9789363317154

First edition 2024

*To my late father, also a poet, for his
unconditional love, encouragement and
guidance, as well as all the budding poets,
discovering the magnificence of this language.*

Acknowledgement

Thanks to: Talat Mehmood, Begum Akhtar, Farida Khanum, Jagjit Singh, Ustad Mehndi Hasan, Ghulam Ali, and countless other ghazal singers, for enthralling me since childhood, with their musical renditions, of all those illustrious poets, who have so beautifully woven together, the nuances of this mesmerising language.

Preface

Bas Yuhin... is a collection of small verses in Urdu (but written in Roman Urdu), a language I have been immensely enchanted by, however, I will always rue the fact that I could never make the time to learn.

My love for ghazals gradually gave me the courage to experiment with this undeniably exquisite language. As I have dared to venture into an unknown territory, with zero knowledge, barring some scattered words, I humbly request that any discrepancies in vocabulary, syntax, meaning, etc. be forgiven.

The verses have been written over several decades, starting from my teenage years, till recent times. Mostly inspired, sometimes personal, they cover the entire gamut, from the highly exaggerated laments, of a very obviously young, lovelorn heart, to the more philosophical reflections, of a seasoned voyager, exploring and experiencing life. Perhaps, some may be considered as ghazals, while others as nazms... I never quite knew the difference back then.

I am hoping this modest yet bold endeavour will appeal to all, and especially so, to those like me, who often resort to expressing their thoughts and feelings, by tapping into the velvety texture of this rich language.

Thank you.

Chhod Diya

Izhaar-e-mohobbat jo usne karna chhod diya
Uss ummeed mein, humne jeena chhod diya

Jab dard-e-dil ka humare, bhi na raha usse
khayaal
So hamne woh ehsaas hi dilana chhod diya

Har ek shikwa, gila, ya ilzaam chhod diya
Woh hamara tha hi kab, jo hum ne usey chhod
diya

Hothon ne muskurana chhod diya
Aankhon ne raah taakna chhod diya

Rahi baat hamari marzi ki 'gaur'
Woh unki razaa par, kab ka chhod diya

Guzar jayegi baaki ki zindagi bhi 'gaur'
Uska afsaana meri umr se bhi bada hai

****

Ihaanat na karo yun haalaat ka humare
Khuda na kare, aapki taqdeer mutmasil ho jaye

ihaanat - insult / scorn
mutmasil - similar / alike

****

Mutthi bhar zameen ki arzoo thi 'gaur', khade
hone ke liye
Inaayat uski, ki falak paish kiya, udne ke liye

inaayat - favour
falak - sky

****

Waqt

Yun waqt ki raftaar mein, beech hamare, yeh
aalam hua
Dooriyan jaise badhti gayi, dard utna hi qaayam
hua
Na maine kabhi aawaz di, na woh milne aaya
Umr bhar iss faasle ko 'gaur', jano bakhubi
nibhaya

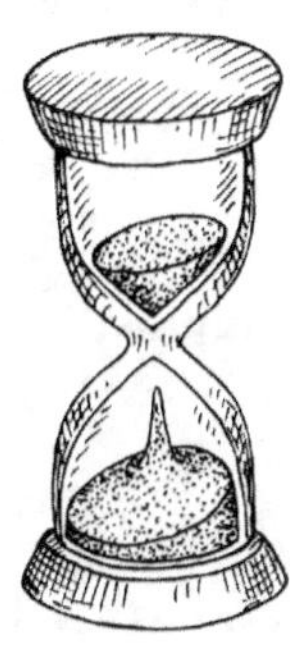

Woh aaye toh they bazm mein hamare
Par ijitraab-e-hijr mein, unka taghaaful kar
baithe

ijitraab-e-hijr - separation anxiety
taghaaful - neglect

****

Hum kahete kuch
Woh samajhte kuch aur
Beech hamare na samjhi ke
Guzar gaya ek daur

****

Padh lenge log haal-e-dil, nighahon se meri
Tere gham ki hifazat ab aur na hogi

****

Tera Naam

Ishq ka junoon tha ya thi dewanagee
Jo saanson par apni, tera naam likh diya

Dafna ho gayi aarzoo seene mein
Seene pe jabse tera naam likh diya

Ab jab muqaddar hai judai teri
Toh har aahat par sanam, tera naam likh diya

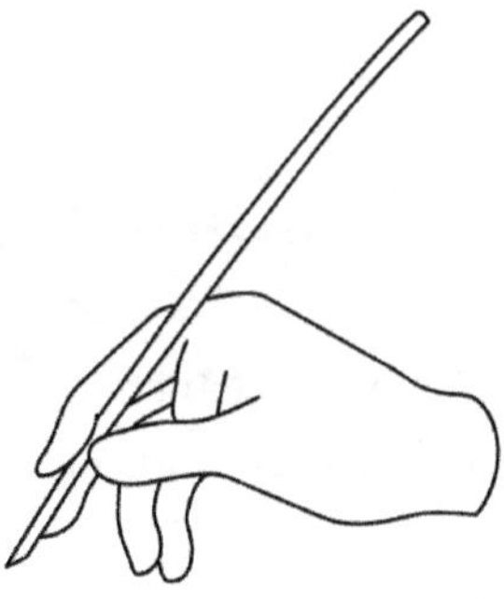

Woh is ana mein rehate hain, ke humko hai ishq
unse
Kaash hamey bhi yeh guroor hota, ki woh
humare hain

****

Mere qaasir tak meri fughaan pahonche
Wafaat se chand lamhon ki mahulat li hai

qaasir - neglector
fugan - cry of distress
wafaat - death

****

Ikhlaas par hamare shaq hai unko
Kya yehi sila hai humari sheftaa ka

ikhlaas - loyalty
sheftaa - madness of love

****

Jab Mile Na They Unse

Akele they hum, tanha nahin
Jab mile na they unse
Na thi koi hasrat na tha intezaar
Jab mile na they unse

Thi khudi se khud ki pehchaan
Jab mile na they unse
Na adhurepan ka tha ehsaas
Jab mile na they unse

Mayoos na they, yun zindagi se
Jab mile na they unse
Na thi shiqayaat taqdeer se
Jab mile na they unse

Na zhunzhlaye they haalat se kabhi
Jab mile na they unse
Na toote they 'gaur', iss kadar kabhi
Jab mile na the unse

Tha uska khayaal, har waqt hamare saath
Tanhai mein bhi tanha, na choda zaalim ne

****

Uftaad-e-zeest mein makhmoor hain hum
Hum pe tagaaful ka ilzaam na lagana

uftaad-e-zeest - miserable life
makhmoor - drunk
taghaaful - neglect

****

Jab chot gehri ho toh,
Dawa-e-asar mein waqt lagta hai

Zamaane bhar ke zakhm bharne mein,
Ek umr ka toh waqt lagta hai

****

Panne

Ittefaaqan palte hum ne, kuch panne pichle
saalon ke
Purana afsaana taaza hua, dekh ke unpar, dastak
unke

Ched-khaaniyan, ladaayiyan, gile-shikwon ke
pal they woh
Kitne pyaare, haseen-khushi ke lamhen they
woh

Aankhen bhar toh aayin 'gaur', par hairaan hoon
kis baat par
Uss khurram maazi par, ya maujudah haalat par

khurram - happy

Un masti bhari nazron se kabhi
Hame bhi toh pilaaya karo

Hamare salaam par muskurakar
Kabhi auron ko bhi jalaaya karo

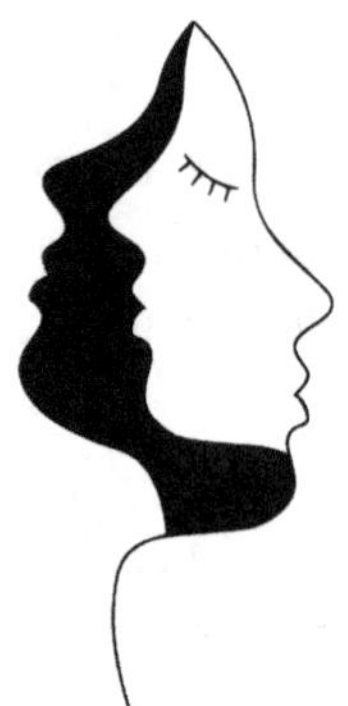

****

Palkon par jinhe, saja rakkha tha humne
Nazron se ab, khud-ba-khud uttar gaye

****

Ye kaisa lagav, kaisi chahat, hai unko humse
Jab chahe meherbaan huye, jab chahe bhula diye

****

Kuch Baaqi

Hasratein ab bhi hain, tadapti hui
Jazbaaton mein junoon, abhi hain kuch baaqi

Unki yaad ko taaza rakhne, chal rahi hai saans
abhi
Woh phir haqeeqat ban jaaye, hain umeed kuch
baaqi

Jaldbaazi mein kabr par mere, phool na barso
doston
Hai 'gaur', ek aakhri fugaan, sunna ab baaqi

fugaan - lament / cry of pain

Basi hai rom-rom mein ab tak, un phoolon ki
suhani mahek
Khiza mein thodi bahaar aayi, yahi kaafi hai
uchalne ke liye

****

Ajeeb si hai daur-e-zindagi, 'gaur'
Phir ussi muquam par aa pahuchen
Jahan pehle bhi, lahu lohaan huye

daur-e-zindagi - period of life

****

Zindagi ke soorat-e-haal kuch aise hotey gaye
Tay kar na paaye 'gaur'
Tamasha hum dekhte rahen, ya khud ban gaye

****

Ab Dekhein

Khushiyon mein shariq, har koi ho jaata hai
Gam ke afsaane, kuch kam hi sunnte hain

Muskurahaton ka lutf, har koi leta hai
Kisi ke aansuon mein magar, kuch kam hi
doobte hain

Ab dekhein 'gaur', kise gale lagata hai woh
Khilti bahaar, ya bheege daaman ko

Muqaddar ka farmaan apni jagah
Ishq ki sar-kashii apni jagah

farmaan - diktat
sar-kashii - defiance

****

Ek namumkeen si tammanna kar baithi ho 'gaur'
Amaavas ki raat mein, chand khoj rahi ho

****

Na jaane kitni bhi dekhi ho, pehlu-e-zindagi
Har naye ghaav par 'gaur', tajjub hi hota hai

pehlu-e-zindagi - facets of life

****

Zindagi

Do pal ke liye, jannat naseeb hui bhi thi hamey
Jo di dastak zindagi ne, ek baar phir se
Bade pyar se haqeeqat humko samjhayi
Ki laut aao meri jaan, raat gayi baat gayi

Har saans mein samjhauta, har aah mein
qurbaani
Hanstein-hanstein, tere har ek rang mein rangi
Phir bhi zindagi, teri bewafai pe hairaan, main
nahi
Muntazir thi maut ki, zaalim woh bhi daga de
gayi

Insaan kaisa namuna hai 'gaur'
Na taqdeer ikhtiyaar mein hain, na dil

****

Mushkil hai aitbar-e-zindagi 'gaur'
Yahan insaan ko badalne mein der nahi lagti

****

Khelta rahe zamaana chaahe aankh micholi, 'gaur'
Ikhlaas-e-bartao apna, barqaraar rakhna sada

ikhlaas-e-bartao - sincerity

****

Pyaar

Aankhon mein dabi hasraton, ko padhna
Chuye bagair, dil ki gehraaiyon ko choona

Gesuon ki uljhanon ko samajhna
Hothon par ruki, har aah ko sunna

Chand lamhon ki mulaquat ko tadapna
Uski mehek ko, saanson mein basana

Dooriyon mein bhi nazdikiyaan paana
Aur sehmi si nazron se, dooriyon ko mitana
Shaayad 'gaur' isi ko pyaar kehte hai

Mil gayi raah mein, thokrain khaati, zakhami
zindagi
Lipat kar royi, 'na chhod tu mujhe, pehchaan
hoon main teri
Arsa hua, muntazir rahi, kab galey tum lagaogi
Rafeeq hoon, de takhallus mera,
'shareek-e-zindagi"

rafeeq - friend
takhallus - pen name
shareek-e-zindagi - life partner

(life is telling me, partner with me instead of
disowning me)

****

Kabhi-Kabhi

Kabhi-kabhi mere dil mein khayaal aata hai
Ki jis mod pe paaya hai usko
Woh muqaam, meri manzil toh nahi

Badi koshishon se jodaa hai jisko
Woh dil, uski amaanat toh nahi

Agar hai, toh samet ke rakkhe woh usko
Darrti hoon, woh phir, bikhre toh nahi

Uski parastish par aitbaar hai mujhko
Par kabhi-kabhi, 'gaur', mere dil mein khayaal
aata hai

parastish - worship / devotion

Yun waqt ki raftaar mein, beech hamare, yeh
aalam hua
Dooriyan jaise badhti gayi, dard utna hi gehra
hua
Na maine kabhi aawaz di, na woh milne aaya
Umr bhar iss faasle ko, jano bakhubi nibhaya

****

Kab tak intezaar-e-vasl mein chirag jalaoge
Woh faqat ek mussafir tha, so chala gaya

intezaar-e-vasl - wait to meet with beloved

****

Ilham (message)

Ye kya kehna chaah rahi hai, zindagi mujhse
Ki na dhoop aankhon mein chubhti hai
Aur chaand har raat nazar aata hai

Haad maas ke putle mein jaano
Halke se, jaan phoonkh di
Besurey lamhon ko jaise
Ek taan mein kheench di

Ek boond ke pyaase ko
Nakhlistan naseeb hua
Saugaat se aanchal bhar do
Ho jaise, kaaynaat ki ye dua

Ye kya kehna chaah rahi hai, ab zindagi mujhse
Kya sapne bhi sach hotey hain 'gaur', pooch zara
tu uss se

nakhlistan - oasis

Jaano mujhe kehti hai duniya, pur dum mukhote
badaltey huye
Kahan se laaye woh maashkook-e-nazar, uski
asliyat ko pehchan ne

pur dum - constantly
maashkook-e-nazar - doubtful / sceptical eyes

****

Kisi ko chaaho toh aise, ki gar wajah poochi
jaayein
Sochne par bhi jawaab, 'bey-wajah' hi ho

Na unse judey ho koi sawaal, na hi koi shikwein
Shart yahi ki chaahat aapki, sarasar, bey-sharti
ho

****

Nahi Hoti

Kuch yaadein dhundli nahi hoti
Aarzuein poori nahi hoti
Kuch ehsaas khatm nahi hotein
Aur lamhein, kaafi nahi hotein

Kuch safar, be-maayne nahi hote
Rishtein be-wajah nahi hote
Kuch dhadkane 'gaur', band nahi hoti,
Aur mohobattein, kabhi kam nahi hoti

Vazaahat karte huye, maazrat jab ki zindagi ne
Sakhaavat se uske, har zulm muaaf kiye hum ne

vazaahat - explanation
maazrat - apology
sakhaavat - magnanimously

****

Kaise sambhlenge mujhse 'gaur'
Uske zulm mere aanchal se kayin zyada hain

****

Chehere se padh lete the jo, aasani se dil ka haal
Ab salaam kehne ki bhi unhe fursat kahan

**********

Aur Bhi Hain

Aur bhi hain zulm zamaane mein
Tumhare masail ke siwa
Aur bhi hain afsaane adhure
Tumhare fasaane ke siwa
Apni duniya se nikal, baahar jhaank kar dekh
Kayin be-jawaab sawaal hain, tere shaq-o-shuba
ke siwa

shaq-o-shuba ke siwa - doubts

Jo apna hai, kya woh kho sakta hai kabhi
Aur jo kho jaaye, apna ho sakta hai kabhi

****

Kahmoshi mein goonjte hain aaj, rishton ke
pahaad
Halki si pukar bhi toofan khada kar de

****

Rishtein

Hawa na do galatfehmiyon ko
Rishton mein daraar aati hai
Kar lo baat mufaahamat se
Dilon ki nazdeeqiyaan badhti hai

Gussa apnon pe hotey hain, gairon pe nahi
Haq hamdard par jataate hain, ajnabee par nahi
Roothon ko manaya karte hain, na-andaaz nahi
Iss samjhdaari se rishte badhte hain, toot te nahi

Sab giley shikwe bhool kar, iptida-e-nisbat
karein
Na ek doosre se khafa hon, na hi koi khata
karein
Thoda aap humey samjho, thodi koshish hum
karein
Yahi aitmaad se 'gaur', zindagi basar karein

mufaahamat - understanding
iptida-e-nisbat karein - begin a relationship

Kabhi kabhi sochne par majboor ho jaati hoon
gaur
Agar soch hi na hoti, toh zindagi kitni mutmaeen
hoti

mutmaeen - content / satisfied

****

Kehte hain woh, unki aarzoon hum na karein
Par ye bhi suna hai hum ne, ki umeed pe duniya
qaayam hai

****

Nahi faaida, koi takraar-e-bartaao kar ke uss se
Qasoor apna hai 'gaur', jo galat padha zeest ko
humne

takraar e bartaao - complain of the behaviour
zeest - life

****

Insaan

Kehta hai aaj har koi, ki qaid hoon main
Poochein zara usse, woh aazad kab tha
Apni ana, aarzuon, aur majbooriyon mein jakda, har shakhs
Dil-o-dimaag ki salaakhon ke peeche, kab band na tha

Aaj ghar ki khidkiyan khol kar, baahar jhaank raha hai woh
Mann ka dwaar jab tak na khole, band hi rahega woh
Kudrat, aaj ghar ki dehleez, paar karne na de
Aur ana, rooh ki gehrayi tak, pahonchne na de

Khud ki asliyat 'gaur', jo pehchanne se katraye
Aisa ajeeb makhlooq, khud ko insaan kehlaye

makhlooq - creature

Sarkash-e-hayaat kab maani hai, jo ab maanegi
Fazool mein umr gawaan di, usey samjhaaney
mein

sarkash - disobedient / rebellious
hayaat - life

****

Un tak pahunchne ke raastein hum dhoondte
rahein
Aur woh hain ke musalsal, faaslein badhaate
gaye

musalsal - consistently

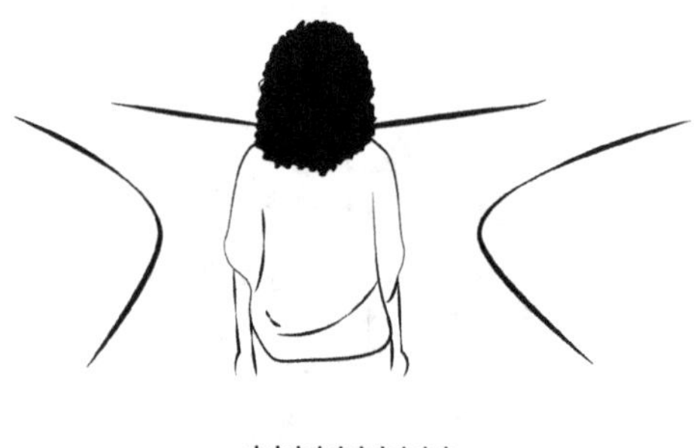

****

Ek Darakht ki Zubaani

Main wahin par tha, maine sab dekha hai
Aasman ko zameen se ladte huye
Parindon ki chehek, bahaar ko roothte huye
Mitti ko, lahoo seenchte huye
Main wahin par tha, maine sab dekha hai

Dekha hai, insaan ko jaanwar se badttar salookh
karte huye
Daulat aur mazhab ke naam par, khoon karte
huye
Dushmani ki zubaan bolte huye
Main wahin par tha, maine sab dekha hai

Dekhi hai haryali ko, sahraa bante huye
Parbaton ko sharam se jhukte huye
Dariya ko aansoon mein doobte huye
Main wahin par tha, maine sab dekha hai

Dekhi hai fitrat aadmi ki, nafraton mein khelte
huye
Laalach ke nashein mein, jhoolte huye
Taaqat se, taareeq ko mitate huye
Main wahin par tha, maine sab dekha hai

Dekha hai zaalim ko fatah karte huye
Maasoom ka, bedardi se qatl hote huye
Insaaniyat ka, naam-o-nishaan mitte huye
Main wahin par tha, maine sab dekha hai

sahraa - desert

Dil-o-dimaag mein mehez yahi fark hai 'gaur'
Majboori ek ki soch mein hai, aur doosre ki
haqeeqat

****

Kuch alag hi hai andaaz, iss daur ke insaan ka
Aawara khayaalaat ka maalik, ko chaahe
sukoon-e-zehen

sukoon-e-zehen - peace of mind

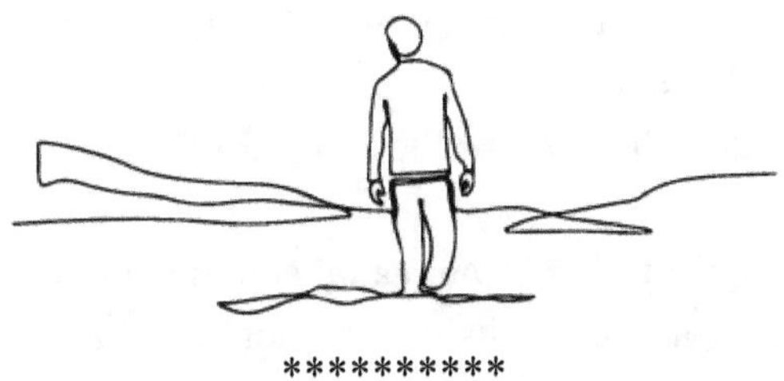

****

Uski aankhon mein ab, halki si nami bhi nahi
Zindagi bhar roya hoga, bad-bakht

bad-bakht - unfortunate

****

33

Almari

Kholi ek arsey ke baad, jo dil ki almaari
Dekhein kya nikalta hai, taqdeer se hamari

Kuch gutthi mili khwaabon ki, aadhi buni aadhi
khuli
Moti ke roop mein thode aansoon bhi, behne ka
hukum, jinhe ab mila nahi

Khwahishon ki tasveer, anek rangon se rachi
Armaanon ki gudiya, badey pyaar se saji

Maujood they makhmal mein liptein, kayin
anmol lamhein
Ankahi kahaniyon ke, beshumaar kissein

Bhooley bisre geet, aur aadhi adhuri dhuney
Badi chaah se rakkha tha shayad, iss khazane ko
tumne

Ab, inn tooti-phooti yaadon ka, aakhir kya tum
karogi
Ye ajeeb-o-garib daulat 'gaur', akele kaise tum
sambhaalogi

Kitna kam jaanti ho tum, khud apne baare mein
'gaur'
Koi aur bhi jaane, kya ye tawaqqo sahi hai

****

Hamaari khaamiyaan jo baithe ho ginne
Socho, aib ho shaayad aap hi ki nazar mein

****

Pata hi na chala 'gaur', ye zindagi naami cheez
Saans lete-lete, kambhakt, kab basar ho gayi

****

Muqaabla

Zaati masruufiyat ke sabab musalsal pareshan
rahein
Teri duniya ke gamon ka, hamein ilm kahan
Tu kin maslon mein jakda raha
Ki teri rachayi tasveer, mein rang bhar na saka

Thodi khushiyan jholi mein bhar deta unke
Din raat tujhe jo yaad karte hain
Kuch aansu, haseen mein badal deta
Rakhwala unka, jo tujhe maante hain

Meri khudgarzi ne rok liya tha mujhe
Tu kis ana ke peeche chupa tha
Jo unke haal se mehroom raha
Tere naam ki mala jo japte hain

Fakir hai sab ke sab
Tujhse rehem ki dua karte hain
Keh de unko tu khud hai bebas
Aur unhi pe aas lagaaye hain

Ailaan kar de tere har ghar se
Ki tujh pe bharosa na karein
Diye hain tu ne, har ek hunar unko
Khud, apni madat karein

Nahi hain woh laachar, na samjhe khud ko
bechara
Hai taaqat kaafi, har dard se ladne ki
Dut ke zindagi ka muqaabla karein

Nahi zarurat kisi ke rehem-o-karam ki unhe
Woh apne aap mein buland hain
Na roye 'gaur', maazi par apne
Kahe zindagi se, tera har zulm gawara hai

Kis waqt ka intezaar karti aa rahi ho, itni muddat
se
Woh berehem hai, nahi teri tadap ka ehsaas usko
Chala jayega, apne aanchal mein, tera har
armaan le kar
Aur tum kosti rehna, taqdeer-e-naa-muraad ko

taqdeer-e-naa-muraad - unfortunate fate

****

Behte paani ke ajeeb qisse hain gaur
Baadlon se barse toh thandak pahunche
Aankhon se bahein toh agan lage

****

Zaroori Nahi

Zaroori nahi ki zindagi, hamesha hum par
meherbaan rahe,
Bahaar bhi chaman se, bin kahe rooth jaati hai.

Zaroori nahi, ki jin nazron mein mohobbat
basey,
Wo aankhein, kabhi aansuyon se na bharey.

Zaroori nahi, ki apnon ka saath, har waqt rahe,
Lehren bhi, reit ko choo kar, wapas chali jaati
hai.

Zaroori nahi, ki andheron ka saaya, har pal
chaaya rahe,
Sooraj ki roshni, toh har roz nikal aati hai.

Zaroori nahi, ki koi kisi se kam ya zyada ho,
Gulaab ki khushboo, aur mogre ki sugandh,
dono, mehfilein sajaati hain.

Zaroori nahi, ki kaanton par letne se, sirf khoon
bahey,
Uss bistar se uthne ki, tamanna bhi jaagti hai.

Zaroori nahi 'gaur', ki waqt ki raftaar, hamesha
judi rahe,
Hayaat mein kho ke, khud ko paaya bhi jaata
hai.

hayaat - life

Ladhak

Patharon mein tarashein, oonche pahaad
Mukhtalif rangon mein nehlaye huye
Poochte hain kudrat se, seena taan ke
Kal raat yahan chand kyun nahi dikha?

Door tak phaila huwa, sard mizaj sahraa
Banjar ho kar bhi, nikhra hua
Badi khaksari se, poochta hai aasman ko
Sooraj ki taptapati garmi ke baad
Bhala kal raat yahan, chand kyun nahi dikha?

Makhmali siyah-falak, arbon heeron se jadi
Kaamil tor se dhakti hai, ye qita zameen
Magar, andhere mein bhatki shab ko, narmi se
poochti hai
Aakhir kal raat, mere aangan mein, chand kyun
nahi dikha?

sard mizaj sahraa - cold desert
khaksari se - humbly
kaamil tor se - completely
qita zameen - terrain

Baa-wafa dil ki aur kya misaal de
Maat jis se khaayi, dhadke usi ke liye

baa-wafa - faithful

****

Aisi hairat se 'gaur', dekha na karo mujko tum
Ek umr guzaari hai tumhe sambhalne mein

****

Mutvaazii zindagi ji rahi ho 'gaur'
Baahari duniya mein, jo taqdeer chalati hai
Doosri, khayaalon mein, jahaan sirf apni chalti
hai

mutvaazii - parallel

****

Ya Maullah

Ya maullah kyun diye itne dard, fakir to tere
Ya simat rakkhe hain khudhi ne, teri ne'mat
samajh kar

Kyun nikal aayein bewajah, aankhon se aansoon
Kahan rakkhata ye samandar, teri nazron se
chupkar

Kyun nahi jeete ye, pal bhar ke karishme ko
Kis khuld ki tawaqqo rakhte hai umr bhar

Kyun shubha hai unhe, apne munfarid-e-ahmiyat
par
Kya moujza chahte hain, janam se turbat tak

Kyun karaahat hai, hansne khelne se unko
Kya shikayat hai, apni zaat se har pal

Kaunsa asasa karegi door, mayusi unki
Kis ifaa-e-tadbeer ki talaash hai musalsal

Kab dekhenge soorat jhaank ke apni, jharoke se
nikal kar
Kab hoga ishq apni seerat se, aur nihaarenge
khud ko, mehboob ban kar

Kab hogi rehmat teri, in dardi bandon par
Ya, kab chooenge aap mein tujhko, khud hi
buland ban kar

Kab qaayam karenge 'gaur' ek gehri dosti, khud
se
Aur sunenge aawaz dil ki, aap hi, rab ban kar

ne'mat - blessing
khuld - paradise
munfarid-e-ahmiyat - unique importance
moujza - miracle
turbat - grave
karaahat - aversion
asasa - wealth, treasure
ifaa-e-tadbeer - solution for contentment

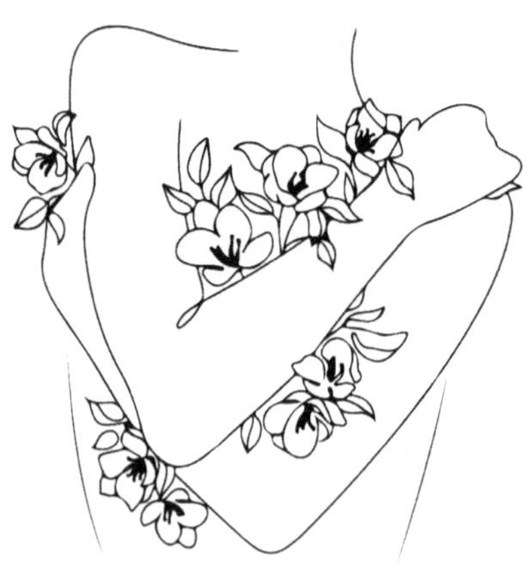